AF265704

LE SAINT SIÈGE

PIE IX ET LA FRANCE

par

A. DE LAPRÉ

Chevalier de l'Ordre de Léopold de Belgique,

etc., etc.

PARIS

E. DENTU, LIBRAIRE-ÉDITEUR

Palais-Royal, Galerie d'Orléans, 17 et 19

1874

A MADEMOISELLE DARBOY

Mademoiselle,

*Je vous offre ces pages; — acceptez-les en sou-
venir de cette circonstance dans laquelle j'ai vu, au
temps de la Commune, votre vénérable et saintfrère,
l'archevêque de Paris. — C'est lui, c'est son admi-
rable résignation qui m'a inspiré le courage de
parler à vos geôliers; et si j'ai pu vous épargner
de douloureuses épreuves, vous le devez à l'archevêque qui m'a béni et pour lequel j'aurais donné
mon sang, si mon sang eût suffi pour le racheter.*

LE SAINT SIÈGE

PIE IX et LA FRANCE

Le martyre continue !

Ce n'était pas assez que le vapeur l'*Orénoque*, ce dernier trait d'union entre Rome et Paris, fût rompu; il fallait qu'au moment où nous prenions la plume pour écrire ces lignes, un cri terrible de rebellion sortît d'une bouche française et nous fasse tourner la tête.

Un français, un soldat, un officier s'est trouvé pour écrire un pamphlet contre le Saint-Siége, et l'*Orénoque* n'était pas encore rentré dans son port d'armement que le livre sortait tout humide des presses de l'imprimerie.

Que dit ce livre ? — Il vient battre le roc du Vatican, ce dernier refuge de la Papauté délaissée et dont le pape Pie IX est le rempart sacré. Il vient redire les propos des Loyson et des Michaud. Il vient provoquer les prêtres à la désobéissance : il voudrait un schisme, en un mot ; mais nous répondrons avec les paroles inspirées du cardinal-archevêque de Paris :

« En quel temps fut-il plus nécessaire de resserrer les liens qui nous attachent à ce Père bien-aimé ? Quand autour de vous, illustre et saint Pontife, toutes les forces humaines font défaut ; quand tant de fils ingrats s'élèvent contre votre personne auguste, insultant à vos douleurs et se plaisant à voir découronner votre vieillesse d'un pouvoir indispensable à la liberté de votre ministère ; quand des trames dignes d'être inspirées par l'enfer sont ourdies à la face du monde pour anéantir, si c'était possible, jusqu'au suprême pontificat dont le divin Maître a investi le premier des apôtres et ses successeurs ; ah ! c'est alors que nous sentons plus vivement la nécessité de nous rapprocher de vous dans la prière, afin de prier avec vous et comme vous, qui priez pour nous et nous représentez ainsi sur la terre le Pontife toujours vivant qui intercède en notre faveur. »

Ces paroles empreintes du plus pur amour de Dieu et de sa sainte Église, nous les avons dites avec ferveur avant de les transcrire ici.

Oui, Très-Saint-Père, *quand autour de vous, Illustre et Saint Pontife, toutes les forces humaines font défaut,* nous nous sommes senti envahir d'un amour sans bornes ; *c'est alors que nous avons senti plus vivement la nécessité de nous rapprocher de vous dans la prière,* et que, tombant à vos pieds, j'ai senti la grâce opérer en moi et que, vaincu par vos douleurs plus encore que par votre gloire pontificale, je demande le baptême, et renonce à ma foi pour la vôtre.

L'entraînement de la grâce n'a pas exclu la réflexion de l'homme. J'ai lu l'histoire et j'ai parcouru le monde ; si je viens au port de salut, c'est avec l'inaltérable conviction que Dieu est vraiment ici, et je m'humilie devant sa toute-puissance.

I

Entrons maintenant dans l'appréciation des événements contemporains dont les faits nous ont si vivement frappé.

Il est certain, pour tout esprit un peu réfléchi, que le rappel de l'*Orénoque* n'est pas sans avoir une importante signification politique. Un gouvernement ne dément pas ainsi tout le passé d'un pays sans y être amené par de graves éventualités, et ce n'est que pour éviter de graves responsabilités qu'un ministre prend la responsabilité, non moins grave, de rompre les traditions d'une politique depuis si longtemps française. La politique européenne est troublée jusqu'au plus profond de ses chancelleries ; elle vient encore de se porter un coup à elle-même. D'ailleurs les Trônes et les Dominations de la terre sont en proie à la fatalité des mauvais conseils, aveugles même sur leurs propres intérêts, et les souverains bâtissant sur le sable d'une mer agitée n'élèveront que des trônes sans durée et des dominations sans pouvoir, car tout ce qui se fera en dehors de l'Église ou contre l'Église est frappé de stérilité.

Par suite de certains arrangements nécessités par des manœuvres diplomatiques, le gouvernement français a donc rappelé dans son port d'armement l'*Orénoque*, le seul point qui réunissait encore le Saint-Siége avec la France. Certes, personne ne s'exagérait l'importance de cette protection : — nous sommes trop faibles pour menacer; — mais l'*Orénoque*, attaché devant Rome, c'était encore une protestation du droit contre la force, — une des dernières! — et ce spectre gênait des consciences européennes qui ne veulent pas voir leurs victimes.

L'*Orénoque* est rentré en France.

Cependant un vaisseau français sera toujours maintenu à la disposition du Pape, mais ce n'est plus le symbole de la protection, c'est une offre de service, un acte de pure courtoisie, non un secours effectif. Le Pape est désormais seul, et bien seul.

Le noble vieillard qui, malgré, tout règne encore au Vatican, ne doit plus attendre de secours d'aucun souverain de l'Europe. Mais sa force est en Dieu, en lui seul est son espoir. L'Évangile dit : « La foi qui n'agit point est une foi morte »; aussi Pie IX agit-il. Il lutte, et vivifie par ses vertus, ses malheurs et son courage, l'Église, — cette grande Affligée, — dont il est la consolation et l'admiration.

II

Le moment nous paraît donc opportun pour apprécier ce que la politique des hommes peut encore pour la Papauté ; — ce que le Saint-Siége en attend ; — ce que le pape Pie IX en mérite ; — enfin ce que l'Europe en pense.

Il n'est pas de question ayant une plus grande importance que la question romaine. Elle est le centre d'un réseau de questions intéressant chacun des grands pays et des petits peuples de l'Europe. Rome, on l'a dit cent fois, — mais jamais peut-être avec plus de raison, — c'est le cœur du monde civilisé. Le jour où ce cœur viendrait à cesser de battre, il se ferait un grand deuil et nous retournerions à cette barbarie des mœurs, à ces sauvages instincts des intérêts matériels et des passions brutales, à cette nuit dont Jésus-Christ nous a tirés il y a bientôt dix-neuf siècles.

Le rôle de l'Église, tel qu'il est tracé depuis tant de siècles, est la seule barrière vraiment efficace opposée aux désordres de l'esprit et de la chair. Tant que l'Église sera debout, les impies, les libertins et les révolutionnaires ne sauraient jouir en paix de leur impiété et de leur libertinage. C'est pourquoi, par haine de l'Église, ils ne veulent plus de Dieu ; — par ennui et par peur de la morale — ils ne veulent plus de prêcheurs, et, par amour du péché, ils ne veulent plus de prêtres !

Il ne faut pas chercher ailleurs le secret de la haine qu'inspire aux natures révoltées l'existence du Saint-Siége que dans cette vérité : « Nous aimons qui nous loue et non qui nous conseille. »

Chaque concession que fait un gouvernement à l'esprit révolutionnaire du peuple, c'est généralement aux dépens de la religion qu'il la fait, et les gouvernements qui sont assez crédules pour croire qu'ils gagnent ainsi l'esprit et le cœur des populations s'aperçoivent bientôt qu'ils se sont trompés, et qu'ils se sont amoindris dans l'estime des masses. « Ils cèdent, donc ils sont faibles ! » se disent ceux qui dirigent les mouvements populaires. Des agitateurs, ces propos passent dans les populations agitées qui dès lors n'épargnent plus l'autorité qui aurait dû défendre la religion. — Plus de trônes divins ! s'écrient les démocrates — qui nous ont déjà montré, à plusieurs reprises, ce qu'ils savaient faire des trônes civils.

III

Temporellement, Pie IX est la victime de l'incrédulité plus encore que de la révolution. Nous l'allons démontrer :

Louis-Philippe a été coupable en laissant engrener dans les discussions diplomatiques les principes de l'unité des nations, principes sournoisement dirigés contre le pouvoir du Pape et qui devaient se retourner si promptement contre ceux qui les premiers les avaient adoptés.

Napoléon III ne s'est aperçu que trop tard de l'embûche dans laquelle les ennemis de la religion, ligués avec ses ennemis propres, ont fait tomber sa couronne et sa dynastie.

Dès la chûte de Charles X, les sociétés secrètes s'étaient mises à l'œuvre et, sur tous les tons, les adeptes de la révolution disaient, écrivaient, publiaient : « Les peuples ont le droit d'être unis lorsqu'ils sont de même nationalité. Quel magnifique peuple fournirait l'Italie réunissant tous ses enfants sous un seul chef ! »

Mais c'étaient paroles mensongères et sentiments hypocrites. Ce que la révolution voulait, c'était déposséder le Pape et enchaîner la liberté du chef de l'Église, dans ses rapports avec les fidèles et les évêques répandus sur toute la surface du monde.

Il y eut alors un mot qui fit fortune : « Il faut l'Italie une, des Alpes à l'Adriatique. » Et c'est ce qui a perdu la France, car l'Allemagne aussi a voulu être une !

Les révolutionnaires, ces sectaires sans patrie, n'ont pas gêné l'action de l'Empire dans l'accomplissement de ses projets à l'intérieur ; mais à la condition que le chef de l'État français, l'ancien initié des ventes de *Carbonari*, l'ancien membre de la *jeune Italie* fût l'allié de Victor-Emmanuel.

Ils savaient, ces suppôts des mauvaises passions surexcitées, que lorsque l'unité italienne serait à peu près faite, l'unité allemande emporterait l'Empire français.

Leur rôle de destructeur, ils le continuent. L'Empire français est tombé. Rome est au pouvoir des Italiens, mais qu'ont gagné les Romains à cette annexion ? Qu'est-ce que l'Italie a gagné à son unité ?

Une remarquable lettre de Mgr Dupanloup au ministre Minghetti a dressé-le bilan de l'annexion, et puisque le ministre italien ne parle que de bien-être physique et de questions d'argent, parlant son langage pour une fois, le prélat catholique lui a répondu par des chiffres :

« Votre budget, dit Mgr Dupanloup, dépasse aujourd'hui de 739 millions, c'est-à-dire de plus de moitié, les budgets de tous les États italiens pris ensemble, avant l'unité.

. . . .

« En 1868, le budget des dépenses était de 998 millions; en 1869, de 1 milliard 100 millions; en 1870, de 1 milliard 111 millions; et pour cette année 1874, il était de 1 milliard 528 millions.

« Naturellement, l'impôt suit une marche ascendante proportionnelle, mais il n'y suffit pas, et chaque année le déficit augmente, la dette monte.

« En 1861, le déficit était de 39 millions : en 1871, de 84 millions 232,761 ; en 1872, de 233 millions 19,199 !

« En 1861, la dette publique de l'Italie était de 111 millions (je parle des intérêts); en 1871, elle est de 440 millions, représentant un capital de 10 milliards.

« Avant 1860, la moyenne annuelle des impôts par tête s'est accrue de 19 fr. 83 c. à 44 fr. 63 c. »

O vous! pour qui les questions matérielles priment telle-
ment les autres qu'elles vous empêchent de les voir, voilà des
chiffres; mais ceux qui comprennent le mal moral plus encore
qu'ils ne constatent le mal physique, tous les catholiques fer-
vents — au spectacle de la grande infortune du Pape — arrosent
les églises de leurs pleurs.

IV

Du principe des nationalités on a dit : c'est la marche du progrès qui le veut.

Le progrès ? — Mais qu'est-ce que le progrès ?

Le progrès aide le mal comme il active le bien; le progrès
n'est pas l'innovation, et trop de novateurs sans cervelle.
d'étourdis sans principes, de malfaiteurs sans vergogne s'intitu-
lant progressistes, prennent leur agitation pour l'amélioration.

Un grand lac, aux bords fleuris, à l'onde calme, aux flots petits et mesurés, portait des barques que l'aviron seul mettait en
mouvement. Les passagers trouvèrent un jour que le voyage
était bien long et bien monotone; ils appelèrent Éole pour qu'il
installât des vents, grâce auxquels la traversée pût être abrégée
d'abord et plus mouvementée ensuite. Depuis ce temps, la tem-

pête s'est engouffrée bien souvent sur ce lac autrefois si paisible !
Les vagues tumultueuses ravinent sans cesse cette plaine jadis
si unie. On peut mettre à la voile et économiser ainsi, pour le
marin, du temps et de la fatigue, mais les vents ont balayé les
jardins du rivage; et les nautonniers, — bien souvent surpris par
la tourmente dont ils pensaient diriger les efforts, — ne sont
pas rentré le soir sous le chaume où la famille attendait.

Telle n'est que trop malheureusement l'image du progrès
de nos jours. On ne réfléchit pas, on exécute; et quand l'expé-
rience vient, un progrès, a déjà remplacé un progrès précédent.
Chaque amélioration trop brusque amène son contingent de victimes, qu'on décore pompeusement du nom de martyrs de la
science, quand ils ne sont que les victimes de leur précipitation.
Aux temps où nous vivons, la mort ne semble plus être qu'un
prétexte de la vie, l'enjeu de l'ambition, et non le couronnement
d'un beau soir, l'auréole d'une belle vie que Dieu va récompen-
ser.

Or, les peuples font des expériences tout comme de simples
particuliers. Ils s'embarquent, comme eux, dans des aventures,
sans songer aux périls de la traversée, et s'écrient dans un accès
de lyrisme impie : « Après nous la fin du monde ! »

Non, non, peuples et chrétiens, après vous ce n'est pas la fin
du monde, c'est un monde qui commence ! Bien peu d'entre
vous lui échapperont à ce monde dont on ne peut pas nier l'existence en face de la nature créée par le Tout-Puissant !

Osez dire, à la face du soleil, que Dieu n'existe pas ? — Osez faire ce blasphème, et les rayons de l'astre éclatant brûleront vos orgueilleuses prunelles !

Le grand emploi des philosophes modernes est de persuader aux hommes qu'ils descendent du singe et retournent à la boue. C'est par là qu'ils espèrent en faire les instruments dociles de leurs jouissances purement terrestres. Entre deux généalogies, celle qui vient de Dieu, celle qui descend de l'animal, ces savants, ces idéologues, ces prétendus penseurs, n'ont pas hésité, préfèrent l'animal à Dieu parce qu'ils touchent, voient et comprennent l'un, tandis que toute leur science, leur esprit et leur réflexion ne peuvent arriver à voir, à toucher et à comprendre cette Essence de toute bonté et de tout amour que nous appelons Dieu, qui est notre Père, et qui réside au plus haut des Cieux !

Le Pape et le Saint-Siége sont les représentants de Dieu sur la terre : Anathème sur eux ! crient les impies. La calomnie ou le poison, c'est-à-dire la mort sous toutes ses formes, voilà ce que réservent aux serviteurs de la plus sainte des causes ceux qui se sont engagés sous d'autres bannières !

Mais avec le prophète Isaïe nous leur dirons :

« Malheur à vous qui dites que le mal est bien, et que le bien est mal ; qui donnez aux ténèbres le nom de lumière, et à la lumière le nom de ténèbres ; qui faites passer pour doux ce qui est amer, et pour amer ce qui est doux !

« Malheur à vous qui êtes sages à vos propres yeux, et qui êtes prudents en vous-mêmes !

« Malheur à vous qui, pour des présents, justifiez l'impie, et qui ravissez au juste sa propre justice !

« Vous serez brûlés jusqu'à la racine, comme la flamme ardente dévore et consume la paille... parce que vous avez foulé aux pieds la loi du Seigneur des armées, et que vous avez blasphêmé la parole du saint d'Israël !... »

V

Le peuple demande quelquefois des miracles pour croire. Plus la révolution s'efforce d'affaiblir la foi, plus ceux dont la foi chancelle demandent des miracles, sans comprendre que c'est là le piége de l'enfer.

Mais ceux qui demandent des miracles ont des yeux et ne voient point, les malheureux ! ils ont des oreilles et n'entendent pas !

C'est à notre époque qu'ils demandent des miracles à l'Église ? quand jamais, dans aucun temps, l'Église n'a été plus fertile en spectacles surnaturels ? Et quel plus grand miracle que l'Église debout au milieu des ruines entassées autour d'elle par la continuation des siècles !...

La France n'était qu'un pays de marais et de forêts, dans

lequel des peuplades voyageuses et barbares se disputaient des rives du fleuve, quand l'Église existait déjà! L'Espagne était arabe, l'Italie était latine, et le reste de l'Europe n'existait pas ; alors que l'Asie se repliait dans une civilisation à laquelle Dieu avait dit, comme aux flots de la mer : « Tu n'iras pas plus loin. »

L'Église a vu naître l'Europe et mourir l'Empire romain. Tout s'est transformé, modifié ; tout est devenu petit, rachitique et bouffon ; seule, elle est restée ce qu'elle était aux premiers jours de la révélation chrétienne.

Elle lutte contre le roi d'Italie d'une façon moins sanglante encore qu'elle ne luttait autrefois contre Dioclétien. La barbarie qu'elle combattait alors, moins raffinée, était bien la même barbarie. La Révolution veut nous ramener à l'état où se trouvait le monde avant la venue du Christ ; elle ne le pourra pas. Et si l'Église doit éprouver de nouveau les persécutions dont elle a triomphé, il y a dix-huit siècles, elle est prête. Les martyrs ne manqueront pas, et demain, comme hier, leur sang fécondera la terre chrétienne.

L'Église, — il faut être volontairement aveugle pour ne pas le voir ! — est un miracle perpétuel. Rien n'a pu entamer son dogme fondamental, ni changer sa manière d'être. La rebellion, qui s'est introduite sous toutes les formes, en a été honteusement chassée. Et nous voyons l'Église, malgré les portes de l'enfer, qui ne prévaudront point contre elle, resplendissante d'une beauté qui ne tient qu'à elle et qui lui vient de Dieu !

VI

Appelé par la volonté de Dieu à l'un des sacerdoces les plus difficiles, le Pape Pie IX a été pourvu de grâces toutes spéciales. Son couronnement a été providentiel. Avant la réunion du Conclave, on ne pensait guère offrir le trône de Grégoire XVI à l'évêque d'Imola, et dès que le Sacré Collége est en séance, un nom s'impose à l'attention des électeurs. Ce nom, chaque fois, recrute de nouvelles voix, et au quatrième scrutin, Mastaï Ferreti est appelé au redoutable honneur d'être, sur terre, le représentant de Jésus-Christ. Jamais élection ne s'était produite dans des circonstances pareilles! Jamais un aussi jeune Pape n'avait été appelé au trône pontifical d'une manière aussi inattendue!

On cria au miracle!

A cette même époque, le nouveau Pape chercha, parmi les membres de la prélature, un homme dont il ferait son collaborateur dans le bien qu'il méditait; et, conduit dans cette recherche, par l'Esprit-Saint, comme le conclave l'avait été pour le choix de Pie IX, le Pape appela près de lui l'évêque Antonelli. Il y a de cela trente ans. Ils sont encore debouts tous les deux, fidèles à leur commune infortune, bien plus qu'à une fortune enviable, défendant, pied à pied, la barque de saint Pierre!

VII

« Dieu qui, dans ses desseins éternels, avait permis, pour son Pontife Pie IX, les humiliations, les douleurs, lui réservait aussi des gloires et des joies. » C'est M. l'abbé V. Dumax, ancien secrétaire de Mgr de Ségur, à Rome, qui commence ainsi le récit des événements précédant la promulgation du dogme de l'Immaculée-Conception de la très-Sainte-Vierge.

Jamais Pape, peut-être, n'avait eu à boire un calice de plus cruelles amertumes ; jamais Pape, aussi, ne reçut une participation plus grande à la gloire du Sauveur ! Les ovations qui lui furent décernées après son exil à Gaëte, n'en avaient été que les prémices : — Ce fut le 8 décembre 1854 qu'elle lui fut donnée sans réserve.

Ce jour-là, on le sait, sera à jamais célèbre pour les cœurs catholiques ! L'un des plus touchants Mystères de l'Église, l'Immaculée-Conception de la vierge Marie, y a été consacrée comme dogme de notre foi.

Si nous avons noté les malheurs de Pie IX, nous devons mentionner la plus grande joie de son pontificat, avant de revenir aux choses de la politique qui nous occupent.

———

VIII

Quelle est, maintenant, devant la situation européenne l'attitude que peuvent prendre les puissances catholiques ?

La révolution est, en partie, triomphante en Espagne ; — la France est impuissante et l'Autriche ne peut rien. Quant à la Russie, lorsqu'elle sera paisible possesseur de Constantinople, elle verra ; en attendant, la Turquie règne à Stamboul et ne fera rien pour une puissance chrétienne, cette ennemie de l'idolâtrie. L'Angleterre, retirée dans son égoïsme, peut envoyer de l'argent ; c'est ce que font ses sujets, dont plusieurs d'entre les plus recommandables, émus des douleurs du Saint Siége, lui apportent leur offrande et se convertissent à la religion chrétienne, catholique, apostolique et romaine.

Actuellement donc, la parole est à Dieu, et les peuples attendent dans le trouble et parmi les désordres. Les calculs humains, tant de fois déjoués par la Providence, ne peuvent prévoir ce que l'Europe sera demain.

L'amie la plus intime du Saint Siége, ce fut encore la France ; mais la France d'avant l'idée des nationalités, d'avant les concessions révolutionnaires, d'avant les sociétés secrètes ! Ce fut à cette intimité de vue, à cette rivalité d'efforts, que notre pays a dû être longtemps le premier, et ce qui nous permet d'espérer qu'il le redeviendra, c'est que c'est celui dans lequel les douleurs du Saint Siége trouvent le plus d'écho.

Les plaintes du Vatican nous toucheraient si l'on se plaignait au Vatican ; le Pape ne se plaint pas : il prie. Mais, sans qu'il parle, nous comprenons ses peines.

Dans le lourd fardeau que la divinité nous impose, nous lions le sort de Rome au sort de Paris. C'est en France que le Pape est le plus aimé, et c'est certainement de la France que monte, vers l'Éternel, les plus grands cris de pitié et de grâce.

Même le voyageur étranger qui traverse la France le remarque. La Fille aînée de l'Église, en même temps que l'Église sa Mère, espèrent fléchir la miséricorde du Très-Haut. — Paris offre de touchants exemples de foi, et de tous les points de la France se dirigent, vers les lieux de pèlerinage, de longues processions de fidèles.

Ils vont implorer la Vierge ! Ils vont la prier d'intercéder pour que cessent les malheurs de la France et ceux du Saint Siége. Ils vont implorer cette Vierge à la reconnaissance de l'Immaculée Conception de laquelle le Pape Pie IX et le cardinal Antonelli ont attaché leur nom. Quelle nous soit donc propice, la Mère de Dieu ! Dans ces temps de calamités publiques et de malheurs intimes, elle est le port de salut auquel des millions de chrétiens vont demander la consolation des temps présents, en attendant des jours meilleurs.

Paris, 1er novembre 1874.

A. de LAPRÉ.

Paris.— Imprim. Turfin et Ad. Juvet, 9, cour des Miracles, près la place du Caire.